ALFAGUARA MR

JUVENIL

ALFAGUARA MR
JUVENIL

POEMAS DE JUGUETE II

D.R. © del texto: ANTONIO GRANADOS, 2007
D.R. © de las ilustraciones: JULIÁN CICERO, 2007

D.R. © de esta edición:
Editorial Santillana, S.A. de C.V., 2014
Av. Río Mixcoac 274, Col. Acacias
03240, México, D.F.

Alfaguara Juvenil es un sello editorial de **Grupo Prisa**, licenciado a favor de Editorial Santillana, S.A. de C.V.
Éstas son sus sedes:

ARGENTINA, BOLIVIA, CHILE, COLOMBIA, COSTA RICA, ECUADOR, EL SALVADOR, ESPAÑA, ESTADOS UNIDOS, GUATEMALA, MÉXICO, PANAMÁ, PARAGUAY, PERÚ, PUERTO RICO, REPÚBLICA DOMINICANA, URUGUAY Y VENEZUELA.

Primera edición en Santillana Ediciones Generales, S.A. de C.V.: abril de 2003
Primera edición en Editorial Santillana, S.A. de C.V.: abril de 2014

ISBN: 978-607-01-2214-9

Impreso en México

SANTILLANA

Poemas de juguete II

Antonio Granados
Ilustraciones de Julián Cicero

ALFAGUARA MR

JUVENIL

A Rodolfo, Aramara, Misael y Venecia,
los que le han dado razón
y locura a mis palabras

Traversuras

El libro que has abierto tiene juegos de tinta, travesuras en verso a diferentes géneros de poesía para provocar tu imaginación.

Unas veces parecerá que su contenido sólo quiere apapacharte con palabras y otras que pretende desafiar tu pensamiento; algo hay de eso, pero lo que a fin de cuentas desea es proponerte que sigas jugando a leer poemas y, si te nace el gusto, empezar a inventar los tuyos propios.

Son auténticos poemas para jugar a leer, que se crean desde hace mucho tiempo en Inglaterra. María Elena Walsh, escritora Argentina, les llama "historietas en verso" porque, viéndolo bien, son cuentos rapidísimos con cinco líneas que provocan cosquillas.

Aunque los limeriks son de origen inglés, hay quienes tradujeron algunos y nos los dieron a conocer en español. Pero, todavía mejor, hay quienes los han inventado en castellano y les han dado su particular sabor. Así lo hizo la propia María Elena Walsh en su libro *Zooloco*, donde nos dice varios como éste:

¿Saben por qué la garza colorada
sobre una sola pata está apoyada?
Porque le gusta más
y piensa que, quizás,
si levanta las dos se cae sentada.

Bueno, pues haciéndole algo de caso a la pro-
pia María Elena (que nos dice que los limeriks
"se componen, nadie sabe por qué, de dos
versos largos, dos cortos y otro largo") y, entre
otros, al escritor italiano Gianni Rodari (quien
nos sugiere que no importa lo largo que sean
los versos largos, ni lo corto que sean los ver-
sos cortos) inventé algunos a lápiz, que ahora
leerás en tinta como para ver si te hace cosqui-
llas su escritura.

Miró un sapo la hermosa Gedoviana
y pensó que era ya fin de semana;
"¡Un príncipe" —exclamó
y luego lo besó.
Así fue que ella se volvió una rana.

Si un rock and roll con tenis, falda y cola
ve por casualidad un día Mariola,
¿gritará que no existe
o, al notar su despiste,
le ayudará a buscar su sinfonola?

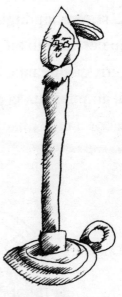

Una señora delgada como vela
solía trabajar de noche como abuela.
Era tan niña y tan vieja
es decir, tan dispareja
que de día cursaba *kinder* en la escuela.

Éste era un diminuto hombre abrigado
que escalando en lo gris de un día nublado,
anda que te anda y camina,
llegó por fin a la cima
sabor a chocolate de un helado.

En el remoto país Trastocandía
un futbolista izaba su alegría,
pues —con pies de fideo—
fue campeón de goleo,
tras anotar en su propia portería.

El cangrejo es político aguzado,
no avanza para atrás sino de lado.
¿Es cosa del destino?
¿Querrá cortar camino?
¡No!, es que le urge llegar a ningún lado.

Una sirena gorda estaba a dieta
pero en vez de ejercicio hacía rabieta
y, en más de una ocasión,
lloraba con razón.
¿Cómo podría pasearse en bicicleta?

El boxeador llamado Kid Alondra,
tan ágil como polvo entre la alfombra,
hizo un viaje al espacio
y perdió en el gimnasio
su cetro al ser noqueado por su sombra.

Un niño que se sacaba diez a diario,
con el cerebro de universitario,
un día gritó "¡qué feo!"
pues reprobó recreo
y tuvo que presentar extraordinario.

La actriz Soberbiaraina Miniatura
sintió que iba perdiendo su hermosura;
se hizo una cirugía
y así fue que, un buen día,
quedó como una gran caricatura.

Un escritor nacido de probeta
que tan sólo en su tierra era profeta,
se guardó en el bolsillo
sus versos de más brillo.
Por eso nunca fue muy buen poeta.

Un hombre que pecaba de seguro
decía que era "El cuentista del futuro"
porque sobre la nada
de una tarde apagada
escribía con el humo de su puro.

Era una orquesta de bombos y violines
que llegaba siempre a todos los confines,
—¿Por qué si dos es dos
viajaba tan veloz?
—Porque su música salía en patines.

Para mí que el acento es un descuido
o un rayón atorrante y presumido,
pues el muy narcisista
se siente trapecista
y se queda en el aire suspendido.

El mono mira al hombre y su mirada
se queda en una duda columpiada:
"¿Quién es este primate,
será acaso de Marte
o se escapó de un poema de Tablada?"*

---

* José Juan Tablada es un poeta mexicano. Vivió entre 1871 y 1945 y escribió, entre otros, un hai kai —o poema-juego— que dice:

El pequeño mono me mira...
Quiere decirme
algo que se le olvida.

El presidente de un país no tan remoto
siempre estaba sonriente en una foto.
Se preguntó el país:
—¿Y por qué tan feliz?
—Porque ganó teniendo un solo voto.

Zooilógico

Casi todos saben desde niños que cuando se hace una exhibición de animales reales en cautiverio, el lugar a donde la gente va a verlos se llama zoológico.

Lo que yo no sabía era cómo llamarle a un lugar en el que hubiera animales encontrados en la selva (bueno, a veces desierto, bosque… o estepa) de la imaginación, como la tareántula, el tubicornio, la globondrina, la lechuzca, el trompodrilo y otros que fui hallando en mi errar por las ideas.

Más tarde aprendí que a la colección de animales fantásticos que uno se encuentra, se puede llamar "bestiario". Entonces dije "Ah, pues ahora ya sé en donde puedo guardar los bichos que me encuentre", pero luego me topé con el diccionario y me di cuenta que mis bichos no cumplían con las reglas de un bestiario.

Nada más fíjate, si *el pequeño Larousse* dice que el bestiario era en la Edad Media "Una colección de fábulas de animales" y en otro diccionario se explica que es "un libro que trata de las cualidades o virtudes atribuidas a ciertos animales", pues entenderás que mi colección de bichos, al tergiversar el sentido del bestiario, no podrá llamarse de otra manera que tergiVestiario. Mientras llega el día en que lo conozcas, te invito a este zooilógico, donde podrás ver alguna que otra muestra de los bichos de tinta que he encontrado.

Anfibios
(a Helga Krabs)

¿Qué otra cosa, si no
son en el viento?:
Peces aéreos de polvo:
los recuerdos.

Paleontomanía

¿Hace milenios no era extraordinario
descubrir en la calle casi a diario
con su piel de armadura
o su traje de aventura
al velozmente lento ciclosaurio?

Rinoceronte

No le temo,
su cuerno es apenas arma blanca
o velita de barco a la deriva;
entre otros animales se me esconde.
Cuando lo veo en la estampa,
con su apenas mirada,
se me ocurre llamarlo inoceronte.

Renacuajo

Nace del sueño del sapo
y el sapo nace de él.
¿Quién sueña a quién?

Cucharacha

No sé de quién oyó que podía ser eterna
y sobrevivir a una hecatombe,
pero eso es lo de menos.
Precavida, fue blindando su cuerpo.
Un día se dijo:
—¿Si el camaleón puede cambiar de color,
por qué yo no he de poder cambiar de forma?
Estudió perfectamente bien sus engranajes
y, seguramente influenciada por la tele,
reensambló su cuerpo a modo de "transformer".

Desde entonces arrastra su secreto
entre el sazón de la comida.
Nadie diría que no es una cuchara:
A un descuido del hombre,
oculta sus patas y se alarga
hace peltre sus alas y,
ya metálica, reluce en el mantel
hasta que alguien llega y se sirve con ella,
ignorante de su metamorfosis.

Perícaro

Un niño lo inventó al equivocarse,
desde entonces existe y es eterno:
tiene pico de luz y plumaje de incendio.

Pieza retirada temporalmente

De lejos miro la vitrina, está vacía;
me acerco y ahí estoy,
con máscara de cristal,
preso en el Museo de Antropología.

Deshojaedro

No creas que dices ¡zas! Y se aparece.
Él nunca llega, siempre está
y es en otoño cuando más se nota su presencia.
Su cuerpo está poblado de hojas secas.
Con su mirada poliédrica de dado nos vigila;
nosotros, por supuesto, no lo vemos
porque a menudo se disfraza de arbusto.
Se dice que es la bestia que escapó del poema
para sorprender a las parejas y devorar sus
                                    [corazones.
Se dice, es un rumor, pero lo cierto
es que es un recolector de sentimientos,
tal vez dócil, tal vez inofensivo.

Donde hubo algo de amor, busca besos usados,
caricias moribundas,
frases de amor tiradas como latas en la calle.
¿Para qué?
No se sabe.
Tal vez para hacer con lo que levanta prendedores,
tal vez para abonar el jardín de los suspiros.

Casi mascota
(escrito a cuatro manos con Josefa Isabel Rojas)

Este gato que ves
no es este gato pero es
porque este gato no es nada:
es su sombra reflejada.

Tareántula

Hay que tener gran suerte
para poder atrapar a esta mascota.
Pocos la pueden ver;
la mayoría la entiende garabato
y es que, sinceramente, eso parece.
Se sabe que quien la logra domesticar
tiene el don y el hechizo
y puede, con el simple hecho de abrir
de par en par
su libro o su cuaderno, resolver sus deberes.

La tareántula teje letra a letra las tareas
inconclusas;
con su baba de tinta
hila números y borda las respuestas.
Quien la llegue a poseer
jamás tendrá problemas en la escuela
a menos que el reprobóptero,
su gran depredador, la haga su presa.

Hombre mosca
"por su invisible luz baja la araña"
José Emilio Pacheco

Su madeja de luz sueña la araña
con ella teje la red donde se hamaca;
luego entonces no existe, nos engaña,
caemos en la trampa de sus hilos de nada.

Tercoespín

Aunque lo espíes de lejos
no creas que no pasa nada;
con verlo basta,
te espina la mirada.

Hipopótamo

Se devora a sí mismo en su bostezo
¿Cómo cabe en su boca tan obeso?

Tordos

Tiznan la tarde
cuando se incendia el día:
son jirones de noche
que nos pían.

Cuentófago

Por las calles de un libro, miedo al hombro,
me encontré con un monstruo fantasioso
que me enseñó lo que es ser muy latoso,
tanto, que por un pelo ni lo nombro.

De entre un montón de letras
—como escombro—
con su filo de luz salió furioso:
—¡Un cuento —me exigió— si no destrozo
tu nombre sin pensar y me lo combro!

No le entendí muy bien pero enseguida
tuve que improvisar este relato.
Lo que leerás aquí salvó mi vida:

un cuento como sobra de comida
que el ladroncete me dejó en un plato
con una rima toda carcomida:

Un micromons

El micromonstruo nos dejó el proble
de estas sobras de cuento sobre un pla
los huesitos chupados de un rela
y las apenas plumas de un poe

Sus sílabas mordidas o con cre
hacen que estés pasando este mal ra
y apenas puedas leer en garaba
un cuento que en vez de eso es un dile

Una historia con versos mordisquea
puede ser que te suene a una locu
más si es que no le encuentras trama algu

ni actores ni dibujos anima
Si sientes que esta página esta oscu
es porque el monstruo se comió su lu

Sonetos

Según se sabe, los sonetos son poemas de catorce versos, casi siempre de once sílabas cada uno. Se forman con dos grupos de cuatro versos y dos grupos de tres, más o menos así:

Si el soneto es muy serio, lo trastoco:	A
¡Que se ponga colores su horizonte	B
y en sus renglones un rinoceronte	B
pueda traer un sombrero hecho de coco!	A
Luego que huya del libro poco a poco	A
para estar con su tío Niñoceronte	B
sin que lo arreste un solo polizonte	B
por beberse la alberca bajo un foco.	A
Que en un charco de tiempo detenido	C
se tire a reposar su travesura	D

y que luego, en un rato de descuido   C

cuando la luna se haya derretido,   C

se atreva a dejar suelta la aventura   D

de contar lo que vio al estar dormido   C

Al lado de cada verso del soneto que has leído, hay unas letras. Si echas un vistazo, verás que todos los versos de la letra A terminan igual, entre ellos, lo mismo que todos los de las letras B, C y D. Puede ser un poco diferente pero, en general, ése es el chiste del esqueleto de los sonetos; lo que se dice de ellos, y cómo se dice, es lo que hace que sean poemas, ocurrencias o simples ejercicios de escritura.

Debido a hace algún tiempo hubo gente que hacía sonetos respetando su forma pero diciendo cosas rebuscadísimas, se dejaron de escribir con abundancia.

¿Y si —haciendo una *traversura*— los retomamos para pasarla bien?

Por mi parte aquí te propongo la lectura de unos cuantos que jugué a inventar.

¡No lo leas!

No tiene ningún caso que leas esto,
pasatiempo de letras sin ombligo
mejor busca otro juego y un amigo
y tira este juguete que te presto.

Los versos que aquí ves son mi pretexto
para mostrar al mundo lo que digo:
que buscas el secreto hasta en un higo
y no te detendrás a medio texto.

Sigue y te meterás en el aprieto
de no hallarle sentido a esta lectura.
Pero al último verso, te prometo,

conocerás en todo su secreto
lo que se siente ser caricatura
guardada entre las rejas de un soneto.

Teledrama

Contrató los servicios de Cupido
una rica mujer que no podía
ni con ayuda de la policía
encontrar el amor que había perdido.

Traspasando los muros del olvido
el ángel detective, cierto día,
mapa en mano se halló lo que temía:
un corazón tirado por descuido;

lo salvó de la lluvia que oxidaba
su palidez y el son de su latido;
lo llevó a la mujer como de viento,

mas ésta no lo usó pues ya estrenaba
un corazón inflable y colorido
recostada en la arena de otro cuento.

Historia y Civismo

Érase alguna vez un dinosaurio
que viajó por la Historia en bicicleta;
traía sobre la espalda una maleta
y dentro de ella un lápiz y su diaurio.

Un día que se sentía expedicionaurio
fue al futuro en busca de cajeta
pero el camino fue toda una treta
y el destino se puso autoritaurio:

lo dejó retorcido como mueca
a media calle más que atropellado
y con fractura triple en una peca;

en menos de que el sol nada y se seca
lo encerró en un museo remodelado
donde hoy se puede ver su biciclueca.

Piolígrafo

Al verlo piensan sus depredadores
que no sirve tomarlo por mascota;
porque es un pájaro de vista corta
y con apenas tres plumas de colores.

Pero si ves su pico escribe flores
o un planeta dentro de una gota
o un jardín de palabras que no agota
en un instante todos sus olores.

Por sus alas de luz estrafalaria,
el ojo multicolor con el que mira
y, debido a su magia casi diaria,

hay quien con una rabia lapidaria
lo mata con botellas que le tira
por creerlo sólo bestia imaginaria.

Scrolls

Las computadoras tienen madriguera
de estos duendes que mueven la pantalla;
si acaso alguno de ellos se desmaya
o si por su cansancio desespera

inventan la mañana dominguera
y hacen que la computadora tenga falla;
no les importa si es que el dueño estalla
o se arranca los pelos vuelto fiera.

Los scrolls le dan reposo a su paciente,
juegan en torno suyo, con su ciencia
le ofrecen té de luz algo caliente,

le pasan un trapito por la frente
y esperan a que sane su dolencia
sin importar que el dueño se impaciente.

Chistorieta

Había otra vez Caperucita roja,
con los cabellos ya medio castaños,
que al lobo visitó por su cumpleaños
una mañana que caía como hoja.

Bajo una lluvia que casi la moja,
llegó a una casa de la calle Araños;
miró el pastel contando sus peldaños
y sacó su saludo de una alforja.

Tocó el timbre y el lobo disfrazado
de abuela se asomó y dijo —¡Qué lata...
Aquí no vive el lobo, se ha extinguido!

Pero al ver el pastel dijo turbado:
—Espera que me ponga la corbata;
a ver si me visitas más seguido.

Una de Vaqueros

Un vaquero domaba un remolino
montado a su espejismo de caballo;
si acaso miento que se parta un rayo,
como él no había otro más en el camino.

Jaripeaba en la arena del destino,
lazaba cuanta nube había a su paso;
a la muerte malhirió con un balazo,
le dio donde es difícil tener tino.

De un ganado de nubes se hizo dueño,
sabía mucho de ordeña de aguaceros.
Nadie pudo quitarle lo risueño:

ni el sol cuando vestía como fuereño,
ni los vándalos, lobos, ni cuatreros
que a veces se metían entre su sueño.

Otra de vaqueros

Ahí por el año del dos mil cuarenta,
a galope tendido y contrapelo,
unos cuatreros robaron el cielo:
lazaron tantas nubes por su cuenta

que al paisaje dejaron sin tormenta.
El bosque se volvió desierto en celo
y ellos guardaron en cofres de hielo
nubes con todo y su sabor a menta.

Vendían la lluvia a un crédito tan alto
que no había quien sembrara tierra alguna;
así que sólo flores de cobalto

que brotaban silvestres del asfalto
podía comer el hombre, por fortuna
la tele se fundió y no es para tanto.

No hubo una vez

Un beso coloquial y apasionado,
más vago que estampilla de correo,
se cayó entre la sopa de video
y quedó color sepia y deslavado.

A tono del color se fue al pasado,
más allá del Medioevo, según creo
porque los besos eran un trofeo
que se tenía por algo codiciado.

A la Bella Durmiente encontró tiesa
y él, muy en su papel, con alegría,
la despertó rozando su corteza.

Pero berreó su suerte la princesa
y juró que jamás se casaría
con un deforme beso sin cabeza.

Nota rosa

Un gángster disfrazado de payaso
se robaba las risas que podía
y las guardaba en jaulas pues quería
tener seguro dar el otro paso:

pulverizarlas en el mes de marzo
y, para completar su felonía,
en el mercado negro la alegría
vender por gramos y a mediano plazo.

Mas sucedió, siniestra sea la cosa,
que las risas al verse en cautiverio
morían como una mueca misteriosa.

El gángster sintió un arma dolorosa
en el pecho y murió con rostro serio
cuando en el alma le brotó una rosa.

Largometraje

Un par de enamorados en el cine
miraba una película de estreno;
en eso el Héroe de Polietileno
dijo "¡Vamos, andando, que a eso vine!"

Hizo a un lado a la actriz Laura Tristine,
destrozó la pantalla con su trueno
sin importarle ser el súper bueno
luego gritó "¡La suerte me ilumine!"

Enseguida voló hasta la butaca
de la novia del novio que, admirado,
no hizo más que ofrecerle papas fritas.

El final mereció un Óscar de Alpaca
cuando a ella el personaje enmascarado
llevó a la dulcería por palomitas.

Y vivieron muy felices

Era un castillo de cristal cortado
donde vivía ya sola Cenicienta
ganándose la vida por su cuenta,
pues su príncipe azul se había marchado.

La causa de tal hecho inusitado,
según ha rumorado la sirvienta,
fue que pasaban de ciento cincuenta
las zapatillas que ya había extraviado.

Su divorcio, como acto distinguido,
tras jugoso contrato de un consorcio,
por la televisión fue difundido.

Algo recuperó de lo perdido:
fue su separación un buen negocio
y se llevó mejor con su exmarido.

Este era un rey

Un rey pobre al que diario, enamorado,
su amada recibía con un tabique;
al ver que su fortuna venía a pique
andaba siempre triste y demacrado.

Todos los días llegaba de algún lado
hasta la calle "Emperador Enrique"
y, en menos que un juglar nos lo platique,
cantaba su romance apasionado.

Metódica, puntual y sin reproche
caía como venida de la nada
cada día la ternura de un ladrillo.

El cuento terminó cuando, una noche,
el rey —después de ahorrar tanta pedrada—
decidió reconstruirse su castillo.

Cortometraje

Un verso es un renglón por donde escapan
sílabas locas que se van de pinta;
sus tenis dejan huellas de aguatinta
y luego de silencio se disfrazan.

Tienen trenzas de luz las que se alcanzan
a ver por la rendija de una cinta
de película breve y tan distinta
que a los hombres enduenda cuando pasan.

En las canciones hacen madriguera,
endecasílaban su alma en el soneto;
las hay de todas formas donde quiera:

Niñas con la mirada mañanera
o trozos de palabras o secreto
con ruido de guitarra o de madera.

Adivinanza

Con letras de agua en un renglón de arena
escribe la primera luz de día
si se le ven faltas de ortografía
no siente ni pudor ni siente pena.

Sigue escribiendo: cantos de sirena
un rayito de sol que se evapora...
o el retrato fugaz de una señora
que tiene un arcoiris de diadema.

Viejo que de tan viejo es niño eterno
siempre jugando a hacer castillos de algas
desnudo y transparente hasta en invierno;

valiéndole muy poco o casi un cuerno
si el clima va y le dice "¡ahora no salgas
y métete a la cama, estás enfermo!"

(El mar)

Cuento mo

Un conejo observó una zanaho
vio que tres letras ya le habían mordi
pensando en quien podría ser el bandi
buscó hasta en un rincón de su memo

Ahí encontró a un ratón que en plena eufo
aún saboreaba lo que había comi
sin saber que su broma había impedi
que estuviera completa nuestra histo

Echémosle la culpa al ratón lo
que gusta de comerse los poe
y que ha dejado nuestro cuento mo

Pero para rescatar aunque sea un po
y resolvamos nuestros dos proble
¿Me platicas el cuento de Pino

Caligramas

Los caligramas son poemas en forma de dibujo, es decir, que lo mismo se pueden observar que leer. Con su doble lenguaje pueden provocar nuestra curiosidad y desafiar nuestra capacidad de lectura.

Como en otro libro que escribí, a mí me gusta jugar a llamarlos poemas ideográficos porque siento que son como fotos instantáneas del pensamiento, es decir, retratos de las cosas que queremos decir y dibujar al mismo tiempo.

Algunos caligramas son instantes de paisaje que uno juega a recorrer con la mirada, mientras otros son todos unos mecanos de tinta con los que uno puede entretenerse armando y desarmarmando las palabras.

¿Por dónde comenzar a leerlos?

¡Ése es el reto!

Aquí tienes algunos ideogramas para que lo intentes. Ya sabes, puedes darle de vueltas a cada página hacia donde quieras hasta hallar el principio de cada poema. Después de eso "lo demás es pan comido".

Pirámide del Sol

nada
veo bajo hecho
no som
luz, bra
la em
a
Subo plumada.

Lápiz

creo en el enigma diminuto y prof**undo.**
de que en un renglón quepa todo el m

Falta de Orografía

Quién fuera a tu ortografía,
montaña de arena y tinta

para entender al paisaje
que a diario se va de pinta.

Bicicleta

mariposa
volverse... ruedaquevuelaynoalcanza
Rueda que vuela y se cansa, en la aventura se posa...

Resbaladilla 1

Por un loco caracol, del verano, baja y se desliza al verano, baja sol para lo mismo...

Resbaladilla 2

Por caracol un loco, en tu labe rinto del verano, baja y se l sol, char co ahora brinco. de luz que

Aprendiz de Estrella

anula

asombra   abruma

Luz   A   Luz

asombra   la sombra

aluna

Sin-taxis

Carretera distinta, camino apenas;
renglón por donde, en bici, viajan poemas.

Arreglo personal

Puente para viajar hacia el espejo
lvido de cristal
res tú mismo
uando entras
tu propio laberinto

Luna

¿adelacracalapelida?

Luz afila

de la noche carcajada

Mar Aéreo

Qué otra cosa si no son en el viento: peces aéreos de polvo: los recuerdos.

Merienda

... es tan sólo una noche evaporada, cuando bebe su luz la madrugada.

Flor de un día

Pregunta para hacerte imaginar que se perfuma que el tiempo es sólo un segundo y también una eernidad

Clave de Son

Parte por la mitad una canción
Y verás que es un gramo de sol
su corazón

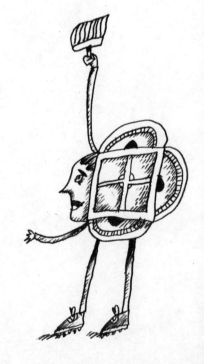

Miralejos

Lava el ojo Y la mirada su lluvia sin cesar petrificada.

Pasatiempo

Sobre el húngaro viento está la araña climeniza la fiesta.

sueña a rayos de sombra en la garganta

a moscas con corbatas una red con orquesta de insectos que

y también a la con la que encesta

Plana de lluvia

Es una página en blanco la mañana

donde el día escribe el diario de su viaje

busca en el veliz su sombra, la extiende y se la pon

después se hace invisible piel entre su traje

relata la foto sepia de un nublado paisaje

con una tinta de agua en la ventana

Dado

¿Por dónde empiezo a verte gota poliédrica? ¿Eres acaso la diminuta luna de estoy viendo sólo lado de tu cuento de luz indiferente ¿Qué conjuro he de inventar para que te abras estoy perdido ya dejo de verme nada pasa que no es el siguiente ¿Qué guardas al pájaro de la suerte? ¿Qué tan cierto es que yo dejo de verme un insólito planeta de juguete?

Esta parte es como el patio del libro donde hay juegos de palabras regados por aquí y por allá. No hay por qué ir a comprarles pila para que funcionen. Si en algo se llegan a parecer es en que en todos tienes que intervenir para que sirvan.

Así que lo mismo podrás encontrarte con adivinanzas o acertijos (muy parecidos a los que conoces) que con crucidramas o con gatos literarios (un par de juegos nuevos de palabras que quiero proponerte). Cada juego va acompañado de un pequeño instructivo, con el fin de que te resulte claro y tal vez divertido.

A este capítulo le he llamado *Trastocaedro* porque está hecho con travesuras en verso, o versos trastocados que he tramado para desafiar tu pensamiento o distraer tu mirada y retarte a leer no sólo con la vista sino también con los demás sentidos. ¿Será esto posible?

¿Me puedes ayudar a demostrar tu inteligencia a los incrédulos?

Adivinanzas

Lee y piensa hasta que des con la respuesta, pero si acaso no das con ella, toma un trozo de espejo y ponlo frente a las letras invertidas que están a pie de página.

Truncada está tu otra vida,
partida por la mitad:
media noche al medio día
que sin ti no es de verdad.

(tu sombra)

Espuma del mar inverso,
de cabeza está a tus pies,
que oscurece en este verso
por eso es que no la ves.

(la nube)

Jugo de luna encantada,
de un planeta sin lugar
brebaje que sabe a nada
si no lo quieres tomar.

(la leche)

Entre la luz una sombra
de tinta y oscuridad;
con su silencio me asombra
que sin ella, a la mitad,
la luz no sea ni un instante
más que nebulosidad.

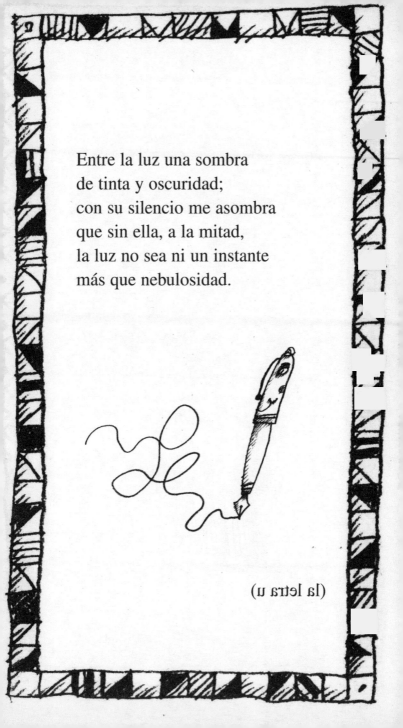

(la letra u)

Acertijos

Si acaso le das vueltas y vueltas a su lectura, sin hallar qué contestar, pon de cabeza la página y lee lo que está invertido.

En medio del sol está, redonda como una yema.

¿Entonces por qué será

que no se incendia y que no se quema?

(porque no se trata de otra cosa que de la letra "o", que está a mitad de la palabra "sol".)

Si es que la luna es el sol,
¿media noche qué horas son?

(las doce horas del medio día)

¿Cómo es que —sin escribir—
un tres se convierte en ocho?

(poniendo el 3 de perfil pegado a un espejo ya
que, al reflejarse, lo hace parecer un 8)

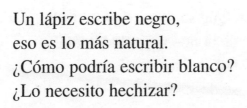

Un lápiz escribe negro,
eso es lo más natural.
¿Cómo podría escribir blanco?
¿Lo necesito hechizar?

(No, con escribir la palabra "blanco" habrás resuelto el problema)

¿Qué será que está en tu boca
de donde no es habitante
porque, apenas la delatas,
se deshace en un instante?

(*La palabra*)

Crucidramas

Aunque aquí sólo podrás jugar a leerlos, podrías crear los tuyos propios. Les llamo Crucidramas porque el chiste es que en ellos siempre haya algo de nostalgia, tristeza o algo así. Lo demás es que hagas que se vayan cruzando dos versos en una letra, luego otros dos. Así, hasta completar un poema corto. Con los cuatro crucidramas que leerás, quiero invitarte a que inventes uno que otro, ¿te animas?

Hace una mueca la noche

y sonrisa lunar

tiene algo de barcarola

que quiere volver al mar.

Llora gotas de silencio

porque no puede ser planta

pero tampoco animal.

nuestra mascota virtual

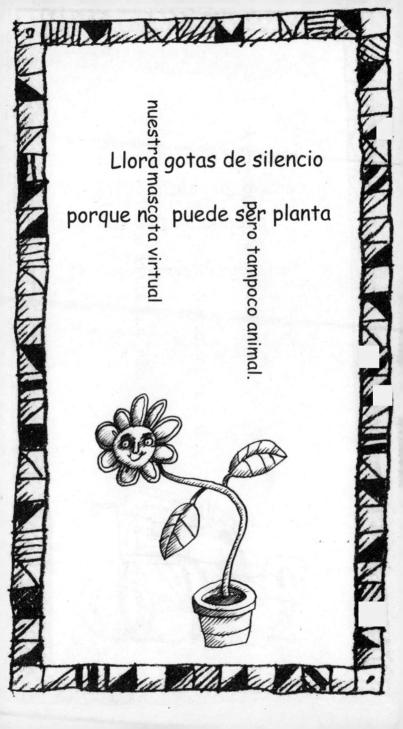

A veces mi bicicleta
no me quiere acompañar:
cuando platico con ella
sólo quiere ir a jugar.

Como lágrima colgado

con alas de celofán

el murciélago ha soñado

un cuello de mazapán.

Este juego está basado en el juego de "gato" que conoces. La diferencia es que para hacer gato tienen que pasar cuatro versos por las cuatro letras que juntas forman la palabra "gato".

Un vagabundo
garabato en el cielo de Saturno
que toma un baño cuando
es la sol nocturno.

o, tal vez una nave de otro mundo
es también un microbio

En la garganta del grito
que se vergiversa su el a... un ave de aire
y lo convierte en canción.

Habían

Cargas la sombra un instante

¿por qué tu nombre de caracol?

sol que no es sol; tibieza,

eres miniatura y enigma extravagante

Por la garza el paisaje es la postal

vivo recuerdo de vida animal.

que tiene como objeto colorido

retener una fuga de razones tardíos

Poenigmas

El Pequeño Larousse dice que un enigma "es una adivinanza, cosa que se da a acertar, describiéndola en términos oscuros". ¿Verdad que apenas medio le entendiste a lo que acabas de leer? Bueno pues, esa sensación causan los enigmas. O, para decirlo de otro modo, un enigma es como cuando entras al cine y ya empezó la película; si caminas de buenas a primeras te puedes tropezar porque no ves muy claro, pero si esperas un rato, poco a poco logras acostumbrarte a la oscuridad y puedes caminar sin temor a caerte.

Si un día te encuentras un enigma escrito necesitas tomarlo con calma y pensar pero sin desesperarte. Puede ser que con una leída no baste, léelo una y otra vez; si estás a punto de enfadarte es porque tus ojos aún no se acostumbran a su oscuridad; deja un rato la lectura y regresa a ella cuando sientas curiosidad de encontrar la respuesta. Tienes que estar dispuesto de la mente y el alma, porque los enigmas son preguntas que se contestan con la inteligencia de la mente pero también con la del corazón.

¿Y a qué viene todo esto?

A que, después de caminar juntos hasta esta página del libro, creo que es posible pedirte que me ayudes a llegar al final descifrando estos tres poenigmas para demostrar, a quienes tienen duda, de que eres capaz de enfrentar un nuevo reto en la lectura.

¿Te animas?

Mira, en las páginas de tu izquierda encontrarás un poenigma, formado de versos que debes entender como preguntas (aunque no tengan signos de interrogación) que puedes contestar en la raya que verás enseguida de cada verso.

Por ejemplo:

Si lees	puedes contestar
1) Sol de juguete	pelota
2) hecho de noche y de día	de luz y de oscuridad

Así, hasta armar tu propio poema derivado del poenigma.

Tú puedes, pero si, después de varios intentos, te resulta difícil ir contestando los poenigmas que hallarás, puedes tomar un espejo y leer con su ayuda la página de la derecha, donde hallarás la versión que a mí se me ocurrió.

¡Suerte! Y hasta el libro que viene.

Juego de sombras

1) Artículo masculino

_____

2) Fruto redondo de luz

_____

3) Pinta (dilo de otro modo)

_____

4) Una hechicera del mal

_____

5) Sobre el muro

_____

6) Y se retira

_____

7) A ver con sus miles de ojos
   (di en lugar de esto "soñar")

_____

8) Artículo femenino pero
   que suene a plural

_____

9) Muecas de felicidad de lo
   que tiene la noche con labios
   de luz lunar

_____

10) Regadas

_____

11) En donde abundan las
    calles con eje vial

_____

El

Sol

dibuja

una bruja

en la pared

y se va

a soñar

las risas

lunas

tiradas

en la ciudad

Sombra de agua

1) Puerta de cristal que
   abre tu imagen   _____

2) En lugar de puerta   _____

3) Primera vocal y doceava
   consonante   _____

4) Enredo de caminos   _____

5) Otro modo de decir
   camino cristalino   _____

6) Otra vez una puerta   _____

7) Y otra vez la respuesta que
   le diste al verso tres   _____

8) Donde la eternidad se
   vuelve instante   _____

Espejo

entrada

al

laberinto

calle de vidrio

entrada

al

infinito

Adivinógrafo

1) Donde se esconde la carta
   y donde viaja el silencio
   hasta que lo abras   _____

2) Madera donde se esconde
   una canción asustada, tras
   sus renglones brilla un sol
   hueco de nada (dos palabras)   _____

3) La nube llora (seis letras)   _____

4) Di "todo" y sigue adelante   _____

5) Lo contrario de "una" es
   "un", escríbelo y luego: calla,
   o di de otro modo "¡Sh!"   _____

6) Ahora me dirás de qué es:
   truco y palabra embrujada,
   ambas cosas a la vez   _____

Sobre

la guitarra

llueve

todo

un silencio

de magia.

ANTONIO GRANADOS

Nació en la ciudad de México y radica en Sonora desde hace un manojo de años. A partir de 1981 ha incursionado en la literatura infantil. Entre los premios que ha ganado destacan el Premio Nacional Tiempo de Niños, 1984; el Premio MISCALTIA, que en 1994 se le otorgó en la FIL de Guadalajara en reconocimiento a su trayectoria; así como un premio nacional de canción para niños por el tema "El Cuentófago" y el primer premio Nacional de Poesía para Niños Narciso Mendoza por *Poemas de juguete II*, el mismo que hoy tienes en tus manos.

Ha dedicado gran parte de su vida a recopilar y escribir poemas y canciones para que los niños puedan disfrutarlos e inventar nuevos.

En Alfaguara Infantil ha publicado *Poemas de juguete I*, *Insomniópteros* y *Canciones para llamar al sueño*.

Poemas de juguete II

Esta obra se terminó de imprimir en Abril de 2014
en los talleres de Impresora Tauro S.A. de C.V.
Plutarco Elías Calles No. 396 Col. Los Reyes.
Delg. Iztacalco C.P. 08620. Tel: 55 90 02 55